SÅDAN VÆLGER DU DEN BEDSTE VIRKSOMHED AT GØRE

- FRA HJEM NU : Ting at overveje

VED

BISKOP OCHEI INNOCENT

Indhold

" Forretningsmuligheder er som busser, der kommer altid en anden."

- Richard Branson.

https://www.projectmanager.com/blog/30-best-business-quotes

" Sandheden fortælles: faktum lige nu er ikke, om mænd skal ændre sig, men hvad han skal ændre til. Hvis mennesket ikke længere kan drive murstenvirksomhed, hvilken type virksomheder skal han så omfavne ? "

OM DENNE BOG

"Næsten enhver form for handel eller forretning, som mennesket kender, kan udføres eksternt eller hjemmefra for at bruge et enkelt udtryk.

Den eneste ulempe er, at nogle former for virksomheder er mere besværlige end andre. Nogle af disse er blevet no go-områder nu.

Hvorfor skulle nogen forlade det, der er let, og gå efter det svære?

Formålet med denne bog er at lære, hvad forskellen er mellem en virksomhed, du nemt kan gøre på et tidspunkt som dette, og den, du ikke kan gøre let. De kunne begge være online, fordi alt uden for fjernarbejde nu er unormalt. "

-Flere detaljer inde på side 19

KAPITEL ET

HVAD ER BEDSTE?

Der er ingen tvivl i mit sind . Med forekomsten af Convid19, masse s af mennesker er hjemme . De er afskåret fra deres normale mursten- og mørteljob. Siden pandemien har mange virksomheder nedskåret og sendt meget i afhængighed af suppestempel.

Disse fyrede arbejdere er som fisk ud af vandet. Som du ved, kan flertallet af fisk ikke overleve uden vand. Hvis du er i tvivl, skal du sætte en levende fisk i solen en hel dag og se hvad der sker!

Dette er en meget forstyrrende æra, og den har efterladt mange mennesker på havet med hverken redningsveste eller både!

Det er overflødigt at sige, at folk er bekymrede . Faktisk undrer de sig over, hvilke alternativer de har . De har travlt

med at lede efter nye ideer og
virksomheder, der vil tjene dem inco me
på et tidspunkt som dette: En tid, hvor
køberen ikke har nogen købekraft. En
tid hvor varerne ikke engang er der,
fordi mange, hvis ikke alle, er lukket ned
og nationer i selvkarantæne!

Det er en tid, hvor næsten alle er tvunget
til at blive hjemme, hvis de ikke er
helt, delvist i bedste fald! Mange
mennesker plejede at rejse fra den ene
ende af byen til den anden for at tjene til
livets ophold, men nu har Covid 19-
begrænsninger gjort det meget
vanskeligt for sådanne mennesker
at køre ! At tage en tur i offentlige parker
er nu sværere end at føre hovedet på en
karmel gennem nålens øje!

Selv de, der kan flytte, og det har at gøre
med mennesker i beredskabstjenester,
står over for mange forholdsregler. De
har brug for at udføre nogle opgaver
både hjemme og på
vejen. En sådan opgave er påbud om at
bære ansigtsmasker til enhver tid . De
har også til at

vaske deres hænder regelmæssigt ,
undgå skarer og holde fysiske
grænser! Dette er bare for at vælge et
par ud af en lang liste!

Disse nye regler har gjort
forretningstransaktioner meget
vanskelige.

Mennesker i en vis alder for eksempel :
hovedsageligt fra 60 år og derover har i
mange lande og klimaer anmodet om at
blive hjemme . De bliver også bedt om
at sætte karantæne i både deres egen og
samfundets interesse. De siger, at disse
ældre er de mest sårbare.

Det gældende miljø og regler har indført
en ny normal. Ting er ikke mere som de
plejede at være. Tiden var, hvor en
hawker kunne komme til centrum af
byen og lave noget støj med høj musik
eller noget tilladt og tiltrække et stort
publikum. De fleste gange vil mængden
være så stor, at folk pressede sig ind i
hinanden. Ingen var interesseret i social
eller fysisk afstand.

Derefter brugte folk alle slags tricks for at få store skarer til at være opmærksomme.

De bruger derefter d mellemrum til at sige eller introducere, hvad han eller hun kom med.

Tiden var også, når touring cirkus , for at være mere specifik, flyttede fra by til sted kun for at komme derhen og gøre en masse støj for at tiltrække opmærksomhed og mennesker let.

Disse dage, selv hvis du laver den højeste form for støj, vil folk blive hjemme både ved valg og lov, leav ING dig med hvad du kom til at sælge eller sige.

"Der er ingen mangel på bemærkelsesværdige ideer, hvad der mangler er viljen til at udføre dem."

- Seth Godin

DEN NYE NORMALE

Dette er konstrueret af det faktum, at potentielle kunder har kørt som rotter i huller ved katten. Du er ikke mere i stand til at nå dem på traditionelle markedspladser. Tidligere har folk brugt til markedet. Nu skal du tage markedet til dem inden for deres skjulesteder!

Det er nu en sælgers eller marketingmedarbejderes pligt ikk e at vente ved døren i håb om, at kunderne kommer ud, men tager agnet! Nej, det er nu tid for marketingmedarbejderen at tage varerne lige ind i hullerne, hvor kunderne er gravet ind!

Vi skal bare ikke kun møde denne nye normal, men også få det bedste ud af det . Dette er så fordi forskning viser, s , at selv efter de pandemiske inducerede restriktioner er blevet ophævet , vaner acquir vil ed være meget vanskeligt at bryde. Det er empirisk bevist, at selvom det er let at opfange nogle vaner, er det ekstra svært at droppe dem.

Så der kan muligvis ikke være nogen vej tilbage. Dagen med mursten- og mørtelmarkeder, som vi plejede at kende dem, er væk og sandsynligvis for godt.

Denne ændring har mildt sagt været meget forstyrrende. Mange sektorer er hårdt ramt. Tillad mig at nævne nogle få:

Uddannelsessektoren for eksempel og hvad angår især børn, er kollapset fuldstændigt. Det hårdere slag er gået til private skoleejere. Da forældre ikke går på arbejde og ikke tjente en krone, er de ikke i stand til at betale skolepenge. Så intet med hensyn til indtægter er kommet til de private skoleejere. Derfor

er de også kunne ikke betale
personale . Krusningseffekten er, at
sådant personale på deres
egen side har familier og andre
pårørende, der skal fodres. De kunne
ikke forsørge disse familier, fordi de ikke
havde det.

Indehavere har også været nødt til at
sikre deres ejendomme i fravær af
studerende og personale, der
ellers kunne have holdt stedet på vagt.

Forældre har haft at kæmpe med både
hvordan man fodrer børnene og har
tendens til dem fra morgen til aften.

Heller ikke produktions-, luftfarts- og
turistsektoren! Tab i sådanne sektorer
forestilles bedre end diskuteret.

Alt i alt betyder det, at uanset om vi kan
lide det eller ej, kan det aldrig være
forretning som normalt. De traditionelle
job, der plejede at forsørge os, eller
hvorigennem vi leverer d til vores kære,
er blevet fjernet af de forandringer, der
er påtvunget menneskeheden af den
berygtede Corona-viruspandemi i 2020!

Mange personer er begyndt at foretage de relevante ændringer. Næsten hele menneskeheden har været nødt til at aflære ting, de lærte for så mange år siden. De har været nødt til at ændre iværksættervaner, de blev vant til fra børnehaven.

Sandheden er fortalt : det faktum lige nu er ikke, om mænd skal ændre sig, men hvad han skulle skifte til. Hvis mennesket ikke mere kan drive murstenvirksomhed, hvilken type virksomheder skal han så omfavne ?

Som et resultat af dette paradigmeskift ser vi nu mange mennesker træde ind i :

1. **E- handel.** Dette ved alle sandsynligvis ved nu er oprettelsen af butikker online til køb og salg.
2. **Direkte salg** . Vi ser nu mange industrier, der integrerer fremad og forsøger at udvikle lange arme for at nå ind i stuen hos potentielle

kunder. Vi ser virksomheder, der ansætter et stort antal medarbejdere og sender dem direkte til hjem for at gøre missionærsalg som i gamle tider!

3. **Marketing på flere niveauer** . Vi ser en masse virksomheder, som anvender den multi-level formen s for markedsføring, som er en anden form for direkte salg.

4. **Mange er i e-mail-forretning** . I dette sælges varer og tjenester via e-mail. Dette kunne give dem mulighed for at nå dybere ind i, hvor potentielle kunder kunne findes.

5. **Nogle andre driver blogs** . De fleste informationshandlere finder dette meget nyttigt . De genererer indkomst ved at sælge information om sådanne platforme .

6. **Andre sælger deres varer og tjenester ved hjælp af Youtube og Tiktok .**

7. **APPS er også på mode** . Disse er specialiserede applikationer bygget til at sælge bestemte varer online.

8. **Andre bruger andre former for** hjemmesider som dem med cust omized domæne navne og andre på generiske steder såsom WordPress , og en lang etc.

Disse er alle gode online- bevægelser . De giver alle udbytte, hvis de forfølges godt, og hvordan og hvornår det er nødvendigt.

Dog kan hele menneskeheden ikke drive den samme forretning . Hver person skal vælge den forretningsmodel, der passer bedst til ham eller hende på et tidspunkt som dette.

Meget som vi alle ikke kan gøre den samme forretning, kan alle virksomheder ikke også gøres alle på samme tid. Hvad der er sauce til gåsen, er ikke altid godt for gander.

Det er ikke nok at vide, at det er tid til at gå online. Vi skal finde ud af, hvilket køretøj online der bedst kan tjene vores branche og formål.

Da næsten alle går online i disse dage , vil en meget investor gerne spørge: **er det nok bare at gå online?**

"Lykke kommer ikke fra at udføre let arbejde, men fra efterglødet af tilfredshed, der kommer efter at have udført en vanskelig opgave, der krævede vores bedste."

- Theodore Isaac Rubin

- Læs mere på
  https://www.brainyquote.com/aut
  hors/theodore-isaac-rubin-
  quotes

KAPITEL TRE

ET FEDT NEJ!

Svaret på ovenstående spørgsmål er et fed nej. Vi må bestemt ikke alle skynde os i det samme mønster eller forretningsområde.

Lad os tage filmfremstilling som et marsvin. Ikke alle filmproducenter er baseret i Hollywood! Er de? Ikke alle i filmbranchen er skuespillere. Er de? Ikke alle filmdistributører bruger etablerede teatre! Nogle efter eget valg distribuerer kun på internationale filmfestivaler og skoler. Der er mange ruter til Rom.

Derfor, nu hvor verden omfavner online-forretninger over den traditionelle mursten, er vi nødt til at have muligheder for at overveje , selv inden for online-branchen .

Hvilke muligheder er der, hvis overhovedet?

Stol på mig, for jeg vil ikke slå om bushen. Jeg vil hellere gå direkte ind i, hvad der skal siges, og her er det:

Inden pandemien og de deraf følgende ændringer, plejede jeg at undervise i Bibelskolen og derefter forkynde i kirker søndag og midtuge. Jeg tror, at mange mennesker har mere end én kilde til indkomst. Jeg kunne umuligt være den eneste.

Med de godtgørelser, jeg fik her og der, kunne jeg holde min familie intakt. Jeg var også i stand til at forny farvestoffet på mit tøj og ændre dem, før de blev mager!

Pludselig blev de alle fortid takket være Mr. Covid 19! Kirker var blandt de første ting, der blev lukket ned. Folk kunne heller ikke tænke sig at komme til Bibelskolen på lørdage . E elv hvis de ønskede at, de begrænsninger holdes alle fangenskab indendørs !

Jeg befandt mig i tomgang hjemme,
indtil Herren åbnede min forståelse for
at vide, at der er tid og sæson for alt
under solen. Jeg indså pludselig, at
tiden var inde til, at man flyttede væk fra
det mursten og mørtel bibelskole system
til en online skole.

Jeg lavede hurtigt to ting, der løftede
min økonomi. Først placerede jeg gratis
annoncer på **WhatsApp** og andre
sociale medier. Dette resulterede i, at jeg
havde studerende online . Nye
studerende var lige så mange
som tilfældet med personlige klasser!

For det andet startede jeg en Writing
S chool for præster, og inden du kunne
sige Jack Robinson, havde jeg et stort
antal online-studerende over hele det
afrikanske kontinent. Alt blev gjort
online, og vi brugte oversættere til at
betjene dem, der ikke kunne tale
engelsk!

**_Det bekræftede for mig, at mange
mennesker derhjemme
spekulerede på, hvad der var_**

*bedst at gøre på et sådant
tidspunkt, og hvad jeg kom på,
viste sig at være et sandt redskab i
præsterne.*

 Som et resultat af denne innovation har
mange præster på kontinentet nu
publikationer online, der tjener dem
noget. Hvad de tjener på dette tidspunkt
er måske ikke meget, men det har givet
dem håb om, at de med tiden vil blive
kendte og berømte forfattere og
måske forlag !

I løbet af min forskning fik jeg også at
vide, at det ikke kun handler om
udgivelse. *Næsten alle former for
handel eller forretning, som
menneskeheden kender,
kan udføres eksternt eller
hjemmefra for at bruge et enkelt
udtryk.*

*Den eneste ulempe er, at nogle
former for virksomheder er mere
besværlige end andre. Hvorfor
skulle nogen forlade det, der er
let, og gå efter det svære?*

Formålet med denne bog er at lære, hvad forskellen er mellem en virksomhed, du nemt kan gøre på et tidspunkt som dette, og den, du ikke kan gøre let. De kunne begge være online, fordi alt uden for fjernarbejde nu er unormalt.

Denne holdning eller tænkning forudsætter, at vi er nødt til at identificere et antal virksomheder, der appellerer til os på et tidspunkt som dette og derefter skelne dem fra det vanskelige, analoge og derfor engangsbrug for at være i stand til at vælge det ideelle.

Så tilbage til spørgsmålet om: "hvad er den bedste forretningsform, som en person kan påbegynde på et tidspunkt som dette?"

" De fleste af de vigtige ting i verden er opnået af mennesker, der har ved med at prøve, når der tilsyneladende ikke var noget håb overhovedet " .

Dale Carnegie

https://www.brainyquote.com/quotes/dale_carnegie_100661?src=t_business

KAPITEL 4

DEN IDEALE VIRKSOMHED?

Dette er et job, hvor du ikke behøver at sælge eller bære noget, der er konkret eller tungt , har udløbsdato og andre detaljer, som vi giver dig i dette kapitel .

Med andre ord er det at foretrække, at du markedsfører ting, der er :

1. **IMMATERBART** : disse skal være produkter SOM TJENESTER. Dette kunne være i form af online-tra ining kurser eller online skoler, men på ingen måde begrænset til dem. Du kan også overveje online coaching og rådgivning. Listen er uendelig.

2. **Du kan også køre e-handelswebsteder** .

I dette tilfælde overvejer du måske at samarbejde med kurerfirmaer, der nu skal levere varerne, når de bestilles.

Dette sparer dig stress og tid ved at køre tunge eller skrøbelige genstande, der skal leveres til tiden og under de bedste forhold.

Ulempen ved hovedfag i varer, især tungt gods, er:

1. **Jo tungere de er, jo sværere er** de at bevæge sig op og ned. Nogle har brug for dyre og specialiserede lastbiler til at transportere fra fabrik til kunde. Har du midlerne til disse specialkøretøjer?

2. **Det mest tunge udstyr er ikke ting, som folk køber hver dag.** Tunge maskiner og fly, for kun at nævne to, købes ikke regelmæssigt.

Du er nødt til at sælge ting, som folk regelmæssigt.

3 **Tyve bemærker dig let.** De kan endda se på dig, når du bærer disse ting

og synes, at de er meget værd, bare fordi de er store.

De, der er i denne type investering, har ekstra midler til at sikre sikkerhed.

Denne type forretning kan ikke være velegnet til begyndere.

4. **Nogle gange chikanerer nogle korrupte sikkerhedsembedsmænd dig,** når de ser dig bære tunge og dyre poser i forsøget på at transportere et gods til det andet sted.

5. **Nogle af varerne har kort holdbarhed** og går til grund, hvis de ikke sælges med det samme. Jeg har set situationer, hvor mange farmaceutiske virksomheder har været nødt til at give eller donere deres produkter, fordi udløbsdatoerne var nært forestående. Sådanne donationer ydes ofte til offentlige hospitaler med høj patientomsætning, så de hurtigt kan bruge medicin inden udgangen af den korte levetid.

Sådanne virksomheder overlever på grund af deres høje ekspertise og ressourcer, der gør dem i stand til at erobre stormene, når de kommer.

Har du sådanne ressourcer?

6. **Nogle varer er så skrøbelige,** at de ikke kan transporteres på den slags veje, som vi har i nogle tredjelande. Derfor, hvis du går i transport af denne type varer, skal du huske på, at nogle af grupperne kan blive beskadiget under transit og på egen risiko!

7. **Det betyder også, at du får brug for forsikring.**

Alle virksomheder har brug for forsikring. Forretning er en risiko, og ting kan gå galt når som helst.

Alligevel holdes forsikring i skak af nødvendighed og mangel på fond. Spørg mig ikke, om det giver god forretningsmæssig mening, fordi jeg ikke har alle detaljerne.

Nogle gange er vores
kapital imidlertid meget lille. Vi
er derfor ikke i stand til at dække alle
risiciene alene. Dette tvinger os til at gå
og tegne forsikringer for
beskyttelse . Det skal også nævnes, at
forsikring på visse områder er
lovpligtigt.

Forsikring lyder helt sikkert godt for en
forretningsperson, hvis kapital er
fed. Det kan være støj for dem på den
anden side af mønten. Mit råd er, at
selvom forretning handler om
risikovillighed , skal du til enhver tid
reducere dine risici så meget som
muligt , medmindre du er en gambler !

Det skal også siges, at når du starter i
det mindste, som det er tilfældet i dag
med mange virksomheder, især dem der
løber hjemmefra, skal du undgå alle
ekstra udgifter såsom forsikring
undtagen hvor det kræves i loven.

**Bemærk, at ovenstående ikke er en
juridisk rådgivning, men et skridt
ofte dikteret af nødvendighed.**

8. NOGLE VARER HAR BEHOV SÆRLIGE OPBEVARINGSFACILITETER

Det er derfor et væddemål for dig at antage, at du vil være i stand til at bortskaffe dem straks uden at arrangere, hvor de skal opbevares, hvis du ikke bortskaffer dem efter planen!

For at gå ind i en sådan forretning skal du have lagerfaciliteter, der er i god form. Sådanne ting kan koste dig en arm.

.

"Gå ud af historikken, der holder
dig tilbage. Gå ind i den nye
historie, du er villig til at skabe. "

Oprah Winfrey, medieindehaver

https://www.entrepreneur.com/article/
301171

KAPITEL FEM

TVÆRTIMOD

W høne du større og fokusere på ting, der skal kun en flip af musen til at sende til alle steder i verden, de ønsker at gå, så du er klogt af følgende grunde:

1. Start med det åbenlyse, lad mig straks sige, at vi har **brug for virksomheder, der er meget digitale og ikke analoge.** Hermed henviser vi til b usiness es du kan køre på din telefon eller en lille pc og fra alle dele af verden.

2 . **Virksomhed, der ikke har brug for for meget uddannelse** og en lang liste over universitetsgrader, før du kan starte dem. Husk den lange liste over milliardærer, der forlod universitetet på det ene eller det andet tidspunkt for at gå i erhvervslivet.

3. **Forretning, du kan gøre fra dit hjem bekvemt** . Vi anbefaler, at du går efter de ting, der ikke kræver meget plads.

Teknologi har bro over kløften mellem hjem og arbejde.

4. **En der ikke regimenterer din starttid og lukningstid** . Den der giver dig mulighed for at arbejde i dit eget tempo og tid.

Dette skal understreges, fordi æraen med tjener og boss type virksomhed er væk. Hvad vi har i dag er bløde eller partnerskaber, hvor enhver medarbejder er en interessent. De arbejder for administrerende direktør, hvorfor administrerende direktør også ønsker dem.

Først senere vokser virksomheden til noget citat d på børsen.

5. **Du skal også være engageret i en virksomhed, der producerer noget, som næsten alle har brug**

for. Vi piskede dette nogle i de sidste to kapitler.

Se dig omkring og se, at der er mange ting, som menneskeheden har brug for . Det er ikke raketvidenskab at se, hvad folk har brug for på daglig basis : Ting, som de allerede bruger penge på regelmæssigt .

Den Briti s h Institut for M INDEHAVER de fi n es markedsføring som [sammenfattet af mig] :

Jeg tandlægger folks behov og mobiliserer for at udnytte dette behov med fortjeneste.

Når det anvendes her, er det, vi siger i enkle vendinger, at vi skal investere i virksomheder, der imødekommer befolkningens eksisterende behov: på en innovativ måde, der gør det muligt for os at opnå maksimal fordel eller fortjeneste via vores udnyttelse af sådanne behov.

Vi siger også , at du ikke har brug for specialiseret hjælp til at udføre søgningen efter proxy eller æselårig forskning for kun at få en god vare, som folk har brug for.

Hvis du er i tvivl, skal du kigge på de fleste virksomheder på flere niveauer. Du vil se, at alt, hvad de gør, er at investere i vitale områder som sundhed, fordi de ved, at alle har brug for godt helbred.

Du kan også gøre det samme. Jeg mener ikke, at du også kan investere i det samme område af sundhed. Selvom det er muligt og ikke forbudt, er det, jeg siger, at kigge efter nogle af de ting, som folk bruger dagligt og mobiliserer til at dække disse behov, og du vil smile til banken.

Men når du gør det, skal du huske alle andre punkter ovenfor . **Det kan være svært at finde et produkt, der har alle de kvaliteter, der er anført i kapitlet ovenfor, men vi kan finde**

dem, der opfylder dem så meget som muligt.

Det giver god forretningsmæssig mening at handle med noget, som næsten alle har brug for dagligt.

Da jeg var redaktør for brugen af magasiner, interviewede jeg engang en administrerende direktør for et hurtigt stigende firma . Virksomheden skubbede penge ind og skabte millionærer ud af sine investorer.

Jeg spurgte ham, hvad der kræves for at være millionær, og dette er hvad han sagde til mig:

" *Find noget, som en million mennesker kan købe for 1 dollar hver, og det gør dig til en million millionær dollar ! "*

Han sagde yderligere, at :

"Det betyder ikke noget, om det tager dig en dag eller en måned at foretage et sådant salg.

*" **Når du har lavet det en gang ,
skal du fortsætte og gentage det
så mange gange som du vil, for
det betyder at du har fundet en
vindende formel, og du ændrer
ikke en vindende formel! R ather,
du innoverer det !** "*

Disse ord var med til at forme mit
liv . Jeg følger det selv til dato, og jeg
håber, det også gør dit.

**6 . Overvej også en virksomhed,
hvor du vil spare penge for
folk,** selv når du smiler til
banken. Mennesker fra naturen elsker
ikke at bruge. De vil gerne spare penge
så meget som muligt.

W høne vi ser en virksomhed, der
hjælper os med at spare penge vi hurtigt
omfavne det. Derfor overlever de fleste
rabatbaserede virksomheder mere end
det, der sælger til ublu priser. Derfor ser
du flere virksomheder bevæge sig i
festlige perioder, hvor kædebutikker
giver rabatter! Derfor har vi mere salg
på de såkaldte "Black Fridays!"

KAPITEL SIX

GIV URESTIBLE TILBUD

Du kan opnå, hvad dette kapitel siger,
ved at lave en kombination af alle de
gode punkter, der er nævnt i
kapitel Five.

Her er en oversigt over knockout-
tilgangen, kan vi anbefale :

1.   Sælg WHA t de **mennesker
er allerede brugt til .** Tilbyder
ikke is til eskimoer!
2.   En du kan sælge med bare **et
museslag.** Jo lettere og mere
praktisk for dig, jo bedre.
3.   Du giver dem **gode
rabatter.** E PÍ at hvert køb leveres
med en rabat i forhold
til almindelig markedspris!
4.   Dette skal også giftes
med **tjenester** af høj **kvalitet .**

5.   En anden **hastighed** i levering! Du sparer dem tid til at gå ud samt penge via rabatter.

6.   Hvis du skal **køre et tilknyttet** program for at give dem branchen bedst via partnerskaber, skal du gøre det for at nå dit mål.

7.   Du er nødt til at drive en virksomhed, der involverer betaling for **henvisninger** .

Når folk får betalt for at henvise folk til dig, betyder det, at du har ansat dem livet ud, og at du sandsynligvis når ud til et meget stort antal mennesker inden for meget kort tid.

Omkostningerne ved den provision, du betaler til dem, der henviser folk til dig, er forudberegnet, inden du fastsætter kostprisen for den service, du leverer. Det hele skal være win-win for sælgeren og køberen.

8.   **Betalingssystemet** for en sådan virksomhed på et tidspunkt som dette skal være tilgængeligt og fleksibelt. Folk skal betales via

deres konventionelle banker og betalingssystemer, især dem der er tilgængelige over hele verden.

Dette gør det muligt for folk nemt at modtage betaling for det, de har gjort. Det gælder både for leverede tjenester og for at henvise folk til dig.

Du skal innovere og fjerne de betalingssystemer, der kun er begrænset til et bestemt område af verden. Dette er nødvendigt, fordi verden er blevet global, og æraen med mikroskopisk tænkning er væk for evigt.

Indfør markedsføringssystemer på flere niveauer, der ikke er for dybe. Undgå dem, der kræver for meget computerarbejde, og måske kollapser systemet.

Gå efter markedsplaner på flere niveauer, der kan startes og udfyldes på et ark A4-papir!

9.   **Træn en eller anden form for anerkendelse for højtydende** i din

virksomhed. Giv priser og belønninger så ofte du kan.

10.	**Sørg for holdere,** der opmuntrer folk til at blive på og tro mod din virksomhed. Dette kan være i form af bonusser til ydeevne med høj lydstyrke!

"Hvis du kan drømme det kan du også gøre det."

- Walter Disney, grundlægger af Disney

Brother Studio og Disneyland.

KAPITEL SYV

SLUTTORD

Du får muligvis ikke en virksomhed med alle de kvaliteter, der er anført ovenfor, men vi anbefaler, at den er tæt på den anbefalede.

Én ting mangler i alle de kvaliteter, der er anført i denne bog, og det er bønner.

Som kristen kan jeg ikke undvige bønner, og jeg opfordrer dig til at bede.

Uanset hvilken forretning enhver mand gør, skal han eller hun sikkerhedskopiere det med bønner.

For os kristne giver Bibelen os forsikring om, at når vi lever hellige liv og beder i navnet Jesus Kristus fra Nazaret, vil det, vi beder om, være vores.

Hvis du ikke er kristen, opfordrer jeg dig til at finde ud af mere om Jesus Kristus.

Tak og Gud velsigne dig.

Tak endnu en gang for at læse igennem.

SKAL DU HAR BEHOV TIL

BØnner, E-mail mig venligst

på; <u>newochei@gmail.com</u>

Jeg tilskynder dig også til at nå mig med de forslag, du har til forbedring af denne bog i den næste udgave. Du kan også efterlade en ærlig anmeldelse af AMAZON.

EN gang til tak, fordi du valgte at læse denne bog, og jeg beder om, at et ord forbliver i dig livet fra denne lille bog.

= BISKOP OCHEI INNOCENT.

DU MÅ OGSÅ LIGE

"HVORFOR DET IKKE ER TILGÆNGELIGT AT FORDYKKE ONLINE"

Bogen fortæller os ting, vi skal gøre, når publikum ser og ikke bare lytter.

OM FORFATTEREN

BISHOP OCHEI INNNOCENT, 64, ER PRÆSIDENTEN FOR NYE DIMENSIONSSEMINARIER INTERNATIONAL.

HAN ER MEDLEM I DET INTERNATIONALE FELLOWSHIP AF DE KRISTNE KRISISENTRUM, USA OG EN LEDELSESRÅDGIVER.

Han er gift med LIZZY, og de velsignes med fire gudfrygtige børn

NOTER

NOTER